© Boris M. Díaz

Ejercicios sobre Obsesión y Ritmo (2006-2007)

Edición: Jorge González Arocha - R.P. Publishing House

Diseño: Dialektika - RPPH

Ilustración de Cubierta: Yadira Escobar

ISBN: 978-1-954987-01-2

BORIS M. DÍAZ
**EJERCICIOS SOBRE
OBSESIÓN
Y RITMO
(2006-2007)**

Contenido

Ejercicios Sobre Obsesión y Ritmo

BORIS M. DÍAZ

BIOGRAPHY

I have this poem
        beating on my head,
                my ears,
    at the rhythm of my breath
            my walking on the street
        and in the pause of conversations
        in the smoky tables,
        404 months now
            more than 22 years
                of blue-jazzed bittersweet

song
and once I've written it
    will call it
        my name.

EL FILÓSOFO

BAJO LOS ÁRBOLES

-I-
Bajo los árboles
    donde crece el polvo,
un sol de neón
    se deshace
       como pasto
          ante la guadaña.

-II-
Hay un hombre
      sin rostro
   entre las raíces.
grabados en su piel
todos los pasos
a su alrededor

-III-
Entre su pelo
      piel
        uñas
escuchan los insectos
      acerca de las gotas de arena
    y de los hombres
        hundidos en las ciudades.

-IV-
Las palabras se deshacen
        en la tierra
          y los hombres no las ven
porque no respiran
        hablan
          sonríen,
sólo van
removiendo el polvo.

LITERATURA I

-I-
Las espinas
  atraviesan la piel,
  desbordan mis venas
un derrame
  sobre el papel,
la letra más legible
con que he escrito.

-II-
Imagínenme
   desnudo,
  un hombre
   babea mi pene,
  una mujer
   ríe mi pequeñez,
y yazgo,
Pensador de Rodin
   con la cabeza rodando a los pies.

-III-
Algo
se rompió dentro de mí
da estertores junto con los latidos,
mientras
    abro los ojos
        y la habitación
            parece derrumbarse
                por la lluvia.
espero al sol
        que reventará las piedras
        y hará un mausoleo
            sobre mi cama.

LITERATURA II

Es un día de Julio
y estoy tratando
de escribir algo
pero supongo que el calor
ha evaporado
una parte de mi cerebro
y prendo un cigarro,
trato de hacer
anillos de humo…
        …humo…
            …humo…
y leo la dedicatoria en la caja
referida al cáncer de pulmón
y pienso en la gente
muriendo de frío en algún lugar
y añoro el invierno
y vuelvo a coger la pluma
para decir que:
Sólo soy un idiota
-evaporado y disuelto-
en anillos de humo…
        …humo…
            …humo…

obsesionado
con la posibilidad
de la muerte
y el frío.

LITERATURA III

AMBICIONES

(¿Qué quiero?)
Arder,
encandilar,
    volverme
humo y cenizas
disueltas en el aire y
ser olido
(aunque resulte repugnante)
por alguien,
tener
una respuesta
(satisfactoria),
escribir
    algo y…
    arder.

LITERATURA **IV**

La música agonizaba
        en sus rostros
estertores de sus bocas a mis oídos
y el silencio esculpía sus palabras
entonces tararĕé algo y escapé
arrastrado por las pupilas
que cada noche
       me miraban
    desde el papel
    pero ellos seguían en mis oídos
       hablando y hablando
y gastaban el aire
       que coloreaba mi rostro
y yo también chillaba
       aunque ningún sonido
       escapara de mí.

LITERATURA V

Todas las risas
    -todas-
  y las caras en las escaleras
        o siguiendo el camino
al ritmo de un reloj
     a la espera
  y los gatos que cruzan
        me estudian
        sin una gota de emoción
  y la cafeína circulando
        a falta de dinero para algo mejor
  y el largo
     largo
     largo
tráfico de vehículos que nunca se detiene ante una mirada
aturdida
son un buen motivo
para
un poema.

LITERATURA VI

Un poema para ellos,
al ritmo de tambores
y sinfonías de pasos,
ángeles caídos
bebiendo vino barato o algo peor
con las alas dispersas sobre las sillas,
atreviéndose a conversar
                 soñar
                 escribir sonrisas
buscando en las calles
          los rostros de los dioses
                 al doblar las esquinas
                 hacia el fondo de la noche
para escapar
      siguiendo el rastro de plumas
                  en el cénit,
      evitando el suicidio y la locura.
Un poema para ellos,
al ritmo de tambores
y sinfonías de pasos.

LITERATURA VII

(Cigarettes & Poems)

Enciendo cigarros
y escribo poemas

mientras juego a la noche
desconociendo las reglas
y busco las luces
que saltan desde la piel
hacia el asfalto
con un gran silencio
entre los gritos
que me persiguen hasta la cama,
añorando,
con el peso del día gastado
para

encender poemas
y escribir cigarros.

Literatura IX

Mirando como se precipita
la noche sobre nuestras cabezas,
con los tan
repetidos poemas
las conversaciones que cambian
y las que no
los cigarros
        y los cigarros
                y los cigarros
   el vino
   -por usar un eufemismo-
   las mujeres que siguen el ritmo
        y las que aparentan seguirlo
        y las que se van y las que te cuentan su vida
            que suena
            como una variación del vacío
   o sentado allí
   -olvidado y abandonado-
        más allá de
        dudas,
me pregunto
cuando podré
descansar.

LITERATURE X

So he stared at god
                -or god stared at him-
        trough a smoky rings' cloud
    and what does it mean
    said a shadow upon his head
                    shattering all around
                            nothing at all,
he laughed
and nothingness grew upon them
and a room called him
to be enlightened,
so it was his duty
and to be turned aside.

LITERATURA XI

FILOSOFÍA

Alguien lanzó a Sócrates
desde la mesa de al lado,
ajeno a la mayéutica
o la cicuta,
una nota extraña
en medio
de una noche soleada
donde yo escuchaba
apartado
con mi cigarro.

LITERATURA XII

ACERCA DE...

Pregúntale al hombre
que compra la cerveza
conquistando al mundo con su sonrisa
y al brillo
de sus zapatos nuevos
y al otro que maneja el carro
y a las mujeres que lo siguen
y al que consiguió un trabajo
con buenas propinas
y a ese otro que avanza envuelto
en un aura de seguridad,
todos lo envidian,
lo despedazan con la mirada
pero él se alza
cual dios al tercer día
y yo todavía me pregunto
por qué habré de levantarme mañana
y él debe saber,
yaciendo allí
como las estatuas en los parques
                    los monumentos
                         las montañas.

Si obtienes la respuesta
estaré
ardiendo toda la madrugada
o en el fondo
de la taza, la botella
o esperando
a que aparezcas.

Literatura XIII

Me contaron de Dios
y fui a buscarlo
en las caras
      botellas
          parques
y la sonrisa de una adolescente
pero me detenía a escuchar
y se hacía el silencio,
y no es que
eso fuera novedoso,
ya la tranquilidad de la noche
me había ayudado
a desencontrarlo.

Literatura XV

Un Ensayo

«París es como una puta. Desde lejos parece cautivadora, no puedes esperar hasta tenerla en los brazos. Y cinco minutos después te sientes vacío, asqueado de ti mismo».

Trópico de Cáncer, Henry Miller

Pienso en París y los héroes que la abandonaron.

Cargo con la tragedia de vivir en una ciudad que desconozco abandonado a todos y cada una de sus calles y fantasmas.

París no es un lugar. París no es un nombre. París no es un montón de gente.

…

A memoir to a city of dreams

«…was just like not being there».

París, Charles Bukowski

París estaba bajo las armas
  y nosotros
   compartíamos el hambre en un antro
    viendo a los hombres correr a las trincheras
     y a las mujeres proteger a sus hijos
      que lloraban al unísono
       de los viejos.

París estaba bajo el fuego
   y ella jaceaba frases
   y yo quería
      construir un altar con los libros
            que habría de escribir
   y cada uno tenía algo que decir al otro
        más la poesía
        el vino
        la posibilidad de amar
   y la futilidad de hacerlo.
París fue tomado
   y caminábamos
    ignorando los tanques
    y las ejecuciones.
La sangre en las calles
       no podía mancharnos la ropa
y los astros hacían su aparición
    dando la sensación
      de orden en el universo.
París ardió sobre nuestras cabezas
         mientras ella
     por algún lugar
trataba de acallar el ruido de las botas a carcajadas
y yo escribía
versos que jamás serían leídos
y encontraba
  detrás de cada frase o recuerdo que atesoré
los signos de la locura o la posibilidad de la revelación.

Abandoné París
            con las cenizas ardiendo
                        bajo la piel
            y varios poemas
                acerca de cómo
                        -entonces-
                            amar parecía importante
            al menos
para mí.

SOÑANDO A CARL S.

AULLIDO POR LOS MEJORES

«Everything is holy! Everybody´s holy! Everywhere is holy! Every day
is in eternity! Everyman´s an angel!»
Howl for Carl Solomon, Allen Ginsberg

Los vi correr por las calles,
       desparramados en el tráfico de la luz y la gente,
seguir el camino de la salvación bajo la tormenta y el cenit
hacia las costas donde se perdía la certeza del ser
     agonizar a la espera del cumplimiento de la profecía
mientras que se alimentaban con los pedazos de sí mis-
mos a falta de la ostia y el vino y de un altar para lamen-
tarse
       convertirse en parte del engranaje y perpetuar
la máquina de la locura, engendrada en su propia raza con
el pretexto de la supervivencia a pesar de que era un tema
pasado de moda
        o volar resignados con los ángeles de la
indiferencia y el cinismo sobre la ciudad despedazada que
no hizo una demanda de salvación cuando fue azotada
por las plagas que trajimos sobre ella
…

Sucedió ayer.

Trataba de hallar una respuesta a enigmas de la esfinge.

Veía su cara por la ventana que después me seguía por calles hasta el café y en la casa de un amigo, el humo reflejaba su mirada, ahogándome. Nada detenía el tiempo que intentaba devorarnos. Nada nos detenía de rodar hacia su boca ni nos preocupábamos por que sucediera.

No había nada tras la cortina.

Éramos los mejores. Éramos los peores. Habremos de perecer si es que no lo hemos hecho.

Aúllo.

BEAT

El viento no grita un nombre
y yo trato de encontrar
una garganta
capaz de sostener la voz
entre rocas
       polvo
taconeo sordo de los pasos
todo un día
sol lluvia naciente poniente
gastado entre las caras que bailan
al compás del silencio
sólo para preguntarme
por qué
    no sigo
        el ritmo.

INSIGHT

No tengo nada que decir,
cierro los ojos
        manos
            boca
sin que haya diferencia,
las calles continúan
vaciándose,
no hay humo,
veredas al paraíso
          o al infierno,
un lugar donde quemarse
al menos.

REDENCIÓN

¿Cómo deshago la oscuridad
con esa ascua a dos pulgadas
de mi cara
cuando se escapa la redención
sin mirar atrás
por esta galería
        de risas y máscaras
-imitación del paraíso-
                que se escurre
entre los dedos?

Ejercicio de Socialización

Veo las sombras
    caminar
    de lado a lado,
a través de la pared,
    entre sonrientes
        desnudas
         expectantes
    durante horas
también lo he hecho.
A veces
  el brillo de sus ojos
      rebota en los muros
       respira y vibra,
como una taza de café
    o una cara que se va
en la ventanilla de un carro.
Esas veces me divierte
    caminar con ellas,
pretender que soy
     uno más atrapando el aire
    que siempre se deshace,
como una obra de teatro
    bajo las manos
      que se levantan
        sobre el foco del proyector.

OFICIO

Mirando mi cuarto pienso:
que no hay lugar
                    en él
        para otra sombra más.
Pero igual
        sigo acostado,
lanzando imperfectos anillos de humo
                sobre la cadera
                        de un recuerdo
                            que jamás desnudé.
Y así descubro
otro rincón vacío.

Tiempo de claridad

Un gato
que descansa a la sombra de un bloque
   mientras los hombres sudan y gritan
                    construyen un edificio
                    derrumban otros
         y los carros pasan
               escupen humo
            y desaparecen
         y el sol se pone y sale
              sobre fuego agua sed frío
         y todos gastan su aliento
   desafía la muerte
incluso
la del tipo
    que lo describe
        mientras agoniza sobre la hoja.

MIENTRAS MIRO LA PUERTA

que esconde las caras
                        y todos los posibles horizontes,
mi cuarto se reduce hasta borrar
                        hendijas y rastros de luz.
Mis oídos se codean
                con los pasos
                    que giran de esquina a esquina
                y las voces;
                    las manos (des)ocupadas en la mañana
                y mis ojos que se fijan en los suyos
mientras la puerta continúa cerrada.

LOS VIEJOS DEL PARQUE

Me gustaba verlos
    enrareciendo el aire
   con apenas ascuas entre sus dedos
mientras
    yo seguía de largo
        con un cigarro
           recién prendido
              entre mis labios.

LOCURA

Aquel viejo entró
       con ojos de nube
    y se sentó
      mordisqueando un tabaco
          y un discurso
      lanzando gotas de saliva
por todo el lugar
y mientras
la inundación crecía,
      yo afrontaba con una sonrisa
la idea
  de la muerte
     por ahogamiento.

OTRO MOMENTO DE CLARIDAD

El humo;
    -que corre por mis pulmones
      y escapa de mi boca-
el anillo;
    -que se expande
         y barre la mesa
       en un ejercicio de dar y quitar vida-
     desconoce el poder
          que contiene.

ATLÁNTIDA

Estamos aquí,
pensando en la muerte
        y los reyes;
     qué tan lejos podemos ir
       o cómo no vamos a ningún lado,
pretendiendo ser ángeles
en todo
menos en alas
      cabellos
    o naturaleza…
pretendiendo por sobre todo.
…
La tierra es el mar más basto,
ahogarse es sólo una cuestión
        del tiempo
        atado a nuestros pies
arrastrándonos algo cada día.
Pregunto:
¿Cómo alguien tiene el valor de nadar?
ya hace mucho que me ahogué
      y la tierra se había hundido
        antes de la lluvia.

…

Ahora que la ciudad ardió,
        todos somos muy viejos para crecer,
            muy jóvenes para procrear,
        intoxicados por las cenizas
               que nos alimentan,
las gárgolas
    nos atraviesan con los ojos.
Saben que este lugar no existe.
Estamos aquí.
…
Yo
estoy
aquí.

ACERCA DEL AUTOR

Boris Milián Díaz (Guanabacoa, La Habana-Cuba, 1986).
Poeta, narrador, periodista freelance y activista. Diplo-
mado en Filosofía Contemporánea y Humanidades por
la Universidad Cristóbal Colón de Veracruz. Ganador de
varios premios locales en certámenes poéticos. Sus influ-
encias literarias van desde el Siglo de Oro español hasta
la Generación Beat sin pasar por alto el Existencialismo o
El Boom Latinoamericano.

ACERCA DE ESTA EDICIÓN

Esta edición ha sido posible gracias a la colaboración de Revista Publicando Publishing House (R.P.P.H.) y Dialektika.

Dialektika es una plataforma que reúne a filósofos, artistas, científicos y creadores bajo un mismo empeño: hacer del diálogo, la libertad y la responsabilidad referencias indispensables en el mundo contemporáneo. Su nombre proviene del griego antiguo, del término διαλεκτική (dialektika), que representa el discurso entre dos o más personas con diferentes opiniones sobre un asunto. No obstante, ambos buscan establecer la verdad.

Desde el mismo inicio de su fundación como proyecto, el 4 de abril del año 2019, hemos buscado crear un espacio donde la libertad creativa sea el centro de nuestra práctica.

www.ingramcontent.com/pod-product-compliance
Lightning Source LLC
Chambersburg PA
CBHW060627030426
42337CB00018B/3234